Aktionstabletts für Zwei- bis Vierjährige

33 spannende Lernangebote für den Übergang von Krippe zu Kindergarten

Learning trays for two- to four-year-olds

33 exciting learning opportunities for the transition from nursery to kindergarten

Impressum

Aktionstabletts für Zwei- bis Vierjährige
33 spannende Lernangebote
für den Übergang von Krippe zu Kindergarten

Learning trays for two- to four-year-olds
33 exciting learning opportunities
for the transition from nursery to kindergarten

Autorinnen
Antje Bostelmann, Karoline Tielke

Fotos
Barbara Dietl – www.dietlb.de

Lektorat
Verena Zansinger, Katharina Koch

Übersetzung ins Englische
Carmen Lawrence für LUND Languages, Köln

Gestaltung
Gudrun Peschel, Andrea Frommhagen

Verlag
Bananenblau – Der Praxisverlag für Pädagogen
E-Mail: info@bananenblau.de
www.bananenblau.de

ISBN 978-3-946829-19-5
2. Auflage 2024

Printed in China

Die Fotos wurden in der Klax Krippe Sonnenhaus und dem Klax Kindergarten Wolkenhaus in Berlin aufgenommen.

Inhalt

Vorwort

Foreword

Liebe Leserinnen und Leser,

Sie halten das dritte Buch zu Aktionstabletts in der Hand. Viele Pädagoginnen und Pädagogen haben sich an den Verlag gewandt und sich weitere Ideen für diese Form der Bildungsangebote gewünscht. Ich habe dies als Auftrag verstanden und meine Mitarbeiter in der Pädagogischen Entwicklung bei Klax sowie die Klax Krippe Sonnenhaus und den Klax Kindergarten Wolkenhaus in Berlin gebeten, sich weiter mit dem Thema Aktionstabletts auseinanderzusetzen.

Das erste Tablettbuch war voller Ideen für die Krippe, der Folgetitel aus dem Jahr 2017 drehte sich um Lernangebote für den Kindergarten. Mit dem vorliegenden Buch widmen wir uns dem Übergang von der Krippe in den Kindergarten.

Wir gehen der Frage nach, welche Lernangebote für Kinder zwischen zwei und vier Jahren besonders geeignet sind und geben in verschiedenen Kategorien Vorschläge für Aktionstabletts.

Der Einsatz von Aktionstabletts in Krippe und Kindergarten ist eine gute pädagogische Vorgehensweise, die vor allem dann hilfreich ist, wenn es gilt, Kinder mit unterschiedlichen Entwicklungsständen zu selbstständigem

Dear readers,

You are holding the third book on learning trays. Many educators have asked the publisher for more ideas for this form of education. I took on this challenge, and asked my employees from the Educational Development at Klax, Klax Krippe Sonnenhaus and Klax Kindergarten Wolkenhaus in Berlin to take a further look at the topic of learning trays.

The first tray book was full of ideas for the nursery; the 2017 follow-up title was about learning opportunities for kindergarten. The present book is dedicated to the transition from nursery to kindergarten.

We explore which learning opportunities are particularly suitable for children between the ages of two and four, and offer suggestions for learning trays in various categories.

Learning trays are a useful educational tool in nursery and kindergarten, above all being effective for encouraging children with different levels of development to learn independently and work in a concentrated manner. Learning trays can be used at every facility, with younger and older children. Ideas can also be adopted for the home.

In the first two books, I report on the correct use and expedient layout of the trays. Therefore, in this book I focus

Lernen und konzentrierter Beschäftigung zu animieren. Die Arbeit mit Aktionstabletts funktioniert in jeder Einrichtung, mit kleinen und großen Kindern. Auch für zu Hause können Ideen übernommen werden.

Über den richtigen Einsatz und den sinnvollen Aufbau der Tabletts habe ich in den beiden ersten Büchern berichtet. Deshalb widme ich mich in diesem Buch mehr der Bedeutung von Übergängen für das Lernen und der Entwicklung von Vorschulkindern. Zugunsten von Fotos und der Darstellung möglichst vieler unterschiedlicher Ideen, werden die Texte im praktischen Teil des Buches wie immer kurz und knapp gehalten.

Wir hoffen, dass die vorliegenden Ideen für Aktionstabletts im Einsatz zwischen Krippe und Kindergarten Ihren pädagogischen Alltag bereichern und freuen uns über Ihr Feedback, Fragen und Anregungen.

Ihre
Antje Bostelmann

September 2018

Um den Lesefluss nicht zu behindern, haben wir im Fließtext meistens die weibliche Form gewählt. Es dürfen sich aber immer alle Geschlechter angesprochen fühlen.

more on the importance of transitions for the learning and development of preschool children. In the interest of photos and presenting as many different ideas as possible, the texts are always kept short and concise in the practical part of the book.

We hope that these ideas for learning trays in use between nursery and kindergarten enrich your everyday educational practice and look forward to your feedback, questions and suggestions.

Sincerely
Antje Bostelmann

September 2018

Einleitung
Introduction

Übergänge

Der Lebensweg eines jeden Menschen ist von Brüchen und Übergängen gekennzeichnet. Kein Leben verläuft glatt und harmonisch. Jeder Mensch sieht sich einige Male in seinem Leben mit geplanten oder unvorhersehbaren, also plötzlich auftretenden Veränderungen oder Übergängen konfrontiert.

Diese zu meistern, fordert den Menschen einiges ab. Daher ist es wichtig, schon in der Kindheit Erfahrungen mit Übergängen zu machen und eine innere Stärke zu entwickeln, die Übergänge oder Veränderungen leitbar machen.

Übergänge sind ein wichtiges Thema im Leben von Menschen. In der Kindheit zählen zu den unvorhersehbaren Brüchen zum Beispiel die Trennung der Eltern, ein Umzug, der mit der Veränderung des gesamten Lebensumfeldes einhergeht, der Wechsel der Kindereinrichtung oder auch eine Krankheit oder gar der Tod eines engen Familienmitgliedes. Geplante Übergänge reichen von der Krippe in den Kindergarten, vom Kindergarten in die Grundschule und so weiter.

Für beides brauchen die Kinder eine stabile soziale Entwicklung und eine innere Grundstruktur, die ihnen hilft, solche Ereignisse auf der Basis einer sicheren Ich-Struktur und einer positiven Einstellung gegenüber Neuem zu meistern.

Transitions

The life path of every human being is marked by fractures and transitions. No life is ever smooth and harmonious. Everyone sees himself confronted with planned or unpredictable, i.e. sudden, changes or transitions now and then.

Mastering these changes demands effort. So it is important that people begin to experience changes as early as childhood, to develop inner strength that makes transitions or changes manageable.

Transitions are an important part of people's lives. In childhood, unforeseen ruptures include, for example, the separation of parents, a relocation involving a change of the entire living environment, changes in schools, or even the illness or death of a close family member. Planned transitions range from nursery school to kindergarten, from kindergarten to elementary school and so on.

These changes require children to have stable social development and a basic internal structure that helps them master such events based on a secure ego structure and a positive attitude toward what is new.

In der Wissenschaft spricht man von Resilienz, wenn es um diese innere Stärke und Widerstandskraft eines Menschen geht. Laut Duden ist Resilienz die „psychische Widerstandskraft und die Fähigkeit, schwierige Lebenssituationen ohne anhaltende Beeinträchtigung zu überstehen." Mehr noch: Neben dem Überstehen von Krisen werden diese als Anlass für Entwicklungen genutzt.

In der Vorschularbeit wird durch eine positive Konnotation von Übergängen versucht, dem Kind Stolz und Freude über das stetige Größerwerden und die damit verbundene wachsende Leistungsfähigkeit zu vermitteln. Gleichzeitig wird versucht, die verstörenden Elemente des Übergangs abzumildern. Dazu gibt es verschiedene Eingewöhnungsmodelle, die beim Wechsel von der häuslichen Betreuung in die Kindereinrichtung eine Rolle spielen. Hier wird sehr behutsam und mit ausreichend Zeit dafür gesorgt, dass Eltern und Kind sich an die neue Situation gewöhnen, um am Ende mit einer weitestgehend positiven Einstellung die zeitweise Trennung zu meistern.

Von der Krippe in den Kindergarten

Der Übergang von der Krippe in den Kindergarten findet hauptsächlich in der Kindereinrichtung statt und wird von Eltern häufig gar nicht so sehr wahrgenommen. In vielen Kindereinrichtungen gibt es die Trennung zwischen Krippe und Kindergarten gar nicht. In diesen Einrichtungen erleben die Kinder ihr eigenes Größerwerden dadurch, dass sich ihr Handlungsspielraum oder ihr Freiraum vergrößert. Sie sind plötzlich die Gruppe der Dreijährigen und blicken auf die kleineren Kinder herab, ohne

In science, this inner strength and resistance is called resilience. According to Duden, resilience is the 'psychic resistance and the ability to survive difficult life situations without lasting impairment.' And there is more: In addition to surviving crises, resilience is the basis for development.

During preschool, a positive connotation of transitions is used to give the child pride and happiness about his steady growth and the associated increasing abilities. At the same time, an effort is made to mitigate the disturbing elements of transition. Various models of adjustment are used which play a role in the transition from home care to the child's learning institution. Here, time and care is taken to ensure that parent and child become accustomed to the new situation and finally master the temporary separation with a largely positive attitude.

From nursery to kindergarten

The transition from nursery to kindergarten takes place mainly in the children's institution and is often not perceived that much by parents. In many children's institutions, there is no separation between nursery and kindergarten. In these facilities, children experience their own growth by increasing their room to maneuver or their freedom. They are suddenly the group of three-year-olds and look down on smaller children without realising that they were once that small. The teacher usually stays with the children, and the room also remains the same, only being equipped with increasingly sophisticated materials.

If the nursery is physically separated from the kindergarten or even housed in another building, the transition

sich viele Gedanken darüber zu machen, dass sie auch einmal so klein waren. Meist bleibt die Erzieherin bei den Kindern und auch der Raum wird nicht gewechselt, sondern nur mit anspruchsvolleren Materialien ausgestattet.

Ist die Krippe räumlich vom Kindergarten getrennt oder gar in einem anderen Gebäude untergebracht, fällt der Übergang mehr ins Gewicht. In solchen Situationen bemühen sich die Erzieherinnen der ältesten Krippengruppe darum, mit ihren Kindern häufig Zeit im Kindergarten zu verbringen, bevor die Kinder sich aus der Krippe verabschieden. Es ist gut, wenn der Kindergarten einen Raum zur Verfügung stellt, in dem die Krippenkinder während ihrer Besuche spielen können, wenn die Krippenkinder schon einige Male an der Mahlzeitensituation im Kindergarten teilnehmen oder den Kindergartenkindern im Tagesablauf des Kindergartens begegnen können.

Es trägt einen großen Teil zur Sicherheit und zum Wohlfühlen der Kinder bei, wenn sie die neuen Räumlichkeiten, die Rituale und Abläufe in der Einrichtung, in die sie zukünftig gehen werden, schon kennen. Es ist auch sehr empfehlenswert, dass die gesamte Gruppe – im bestmöglichen Falle auch die Pädagogin – in die neue Einrichtung wechselt. Gehören Krippe und Kindergarten zum gleichen Träger, kann dies meistens gewährleistet werden. Leider gibt es in Deutschland noch viel zu viele Strukturen, die so aufgestellt sind, dass im Anschluss an die Krippenzeit jedes Kind einen Platz in einem anderen Kindergarten zugewiesen bekommt. Dies erfordert dann erneut einen aufwendigen Eingewöhnungsprozess, den die Krippe kaum oder gar nicht steuern kann.

is more marked. In such situations, the educators of the oldest nursery group try to spend time with their children in a kindergarten setting before the children actually leave the nursery. A good idea is for the kindergarten to provide a room where nursery schoolers can play while visiting, to already let them participate in the kindergarten mealtime situation or encounter the kindergarten schedule in their daily routine.

The children's feeling of safety and wellbeing is reinforced if they already know the new rooms, rituals and schedules in the facility where they will go in the future. Also highly recommended is for the entire group - preferably along with their teacher - to change to the new facility together. This can usually be ensured if the nursery and kindergarten belong to the same management. Unfortunately, there are still too many structures in Germany that are set up so that each child is assigned a place in a

Wachsende Herausforderungen am Tablett anbieten

Aktionstabletts sollten immer Herausforderungen für die Kinder bieten. Dazu ist es wichtig, dass die Erzieherinnen und Erzieher ihre Kinder sehr genau beobachten und dokumentieren, wo jedes einzelne Kind in seiner Entwicklung steht. Mit diesem Wissen werden dann Tabletts gestaltet, die die Kinder zum Lernen anregen und weitere Entwicklungsschritte herausfordern.

In der Krippe gehen die Kinder hauptsächlich den elementaren Spielhandlungen nach, trainieren ihre motorischen Fähigkeiten und entwickeln die Sprachfähigkeit, die dann Voraussetzung für so viele weitere Lernfelder ist.

Besonders das letzte Krippenjahr, also die Zeit um den dritten Geburtstag, ist von intensivem Lernen gekennzeichnet. Wenige Monate Altersunterschied können jetzt große Unterschiede in der Entwicklung bedeuten. Aktionstabletts bieten in dieser Übergangszeit eine gute Möglichkeit, auf die unterschiedlichen Entwicklungsstufen einzugehen und individuelle Herausforderungen für jedes einzelne Kind zu schaffen. Die Tabletts für diese Altersgruppe werden so gestaltet, dass sie wachsende Schwierigkeitsgrade abbilden. Sollte die Krippe die Möglichkeit haben, mit einem Kindergarten zusammenzuarbeiten, sollten die Tabletts im Kindergarten auf denen der Krippe aufbauen. Dazu müssen sich Erzieherinnen aus beiden Institutionen zusammensetzen und gemeinsam die Weiterentwicklung der Tablettideen planen.

Wir haben in unserem Buch Kategorien mit Tablettideen gewählt, die für Zwei- bis Vierjährige interessant sein können.

different kindergarten after their time in the nursery. This, then, requires an elaborate adjustment process that the nursery can manage only minimally or not at all.

Offering increasing challenges on the tray

Learning trays should always offer challenges for children. It is important that educators closely monitor their children and document where each child stands in his development. With this knowledge, trays are designed that stimulate the children to learn and challenge further development steps.

In the nursery, children mainly practice basic actions of play, practice their motor skills and develop their speech, which skills are then the basis of so many further fields of learning.

Especially the last year of nursery, around the age of three, is characterized by intensive learning. A few months' age difference can now mean big differences in development. During this transition period, learning trays provide a good opportunity to address the different stages of development and create individual challenges for each child. The trays for this age group are designed to reflect growing levels of difficulty. If the nursery is able to collaborate with a kindergarten, the trays in kindergarten should be a follow-up to those of the nursery. For this purpose, educators from both institutions must work together and plan the continued development of ideas for trays.

In our book, we have selected categories with tray ideas that may be interesting for two- to four-year-olds.

1. Von rund zu eckig – Farben, Formen und Muster erkennen

Im Alter von zwei Jahren können die meisten Kinder Farben benennen und zuordnen. Aber können sie aus Farben auch Muster bilden oder Vorgaben für Muster folgen? Übungen mit immer komplizierter werdenden Mustern ziehen sich bis in das Schulalter hinein. Sie sind für die Entwicklung der Kinder von großer Bedeutung, da sie die Konzentration schulen und die Kategorienbildung fördern.

2. Von 1 bis 5 – Mengen verstehen

Am Übergang zum Kindergarten können die meisten Kinder bis fünf oder zehn zählen. Sie sollten Mengen bis zur Fünf ohne nachzuzählen erkennen und selbstständig Mengenbilder entwickeln können. Die vorgeschlagenen Tabletts helfen dabei, diese Fähigkeiten zu üben.

3. Wenn Dinge sich ändern – Trennen, verbinden und verstecken

Diese Tabletts sind eine Offerte an die elementaren Spielhandlungen, die Krippenkinder intensiv ausführen, um die Welt zu verstehen. In Verbindung mit Alltagsmaterial und durch die Kombination von verschiedenen Nutzungsmöglichkeiten entstehen Herausforderungen, die bis ins Kindergartenalter hineinreichen.

4. Faden trifft Perle – Fingerfertigkeit und Motorik

Kleinkinder üben den Pinzettengriff, damit sie kleine Dinge greifen und mit Besteck essen lernen können. Im dritten Lebensjahr geht es darum, einen Stift richtig zu halten, Dinge aufzufädeln oder zusammenzustecken.

1. From round to square – recognizing colours, shapes and patterns

At the age of two, most children can name and assign colours. But can they also create patterns from colours or follow templates for patterns? Exercises with more and more complicated patterns continue into school age. These are very important for the development of children because they exercise concentration and promote the formation of categories.

2. From 1 to 5 – understanding quantities

When they transit to kindergarten, most children can count to five or ten. They should be able to recognize quantities up to five without recounting and be able to independently develop the concept of quantity. The recommended trays help them practice these skills.

3. Changing things – disconnecting, connecting and hiding

These trays offer elementary play actions that nursery children perform intensively to understand the world. Together with everyday material and through the combination of different possibilities of use, challenges arise that extend into kindergarten age.

4. Thread meets bead – dexterity and fine motor skills

Toddlers practice the tweezer grip to pick up small objects and practice eating with cutlery. In the third year, they learn to hold a pen correctly, thread things or put them together. During the transition to kindergarten, children encounter scissors. By the time they start school, children should be able to use scissors safely and cut things out

Im Übergang zum Kindergarten kommt die Schere ins Spiel. Bis zum Schulbeginn sollten Kinder die Schere sicher handhaben und Dinge sauber ausschneiden können. Die Tablettideen in dieser Kategorie zeigen, was man den Kindern für die Einübung dieser Kompetenzen anbieten kann.

5. Weltwissen – Wieso, weshalb, warum?
Krippenkinder versetzen uns häufig mit ihren Welterklärungen in Erstaunen. Zwischen dem zweiten und dritten Lebensjahr kommt es zu einem rasanten Wissenszuwachs über die Dinge, die uns umgeben. Die Kinder kennen Tiere und Pflanzen, wissen, wozu Gegenständen benutzt werden und können Kategorien bilden. Die angebotenen Tabletts helfen den Pädagoginnen, den Wissensstand jedes einzelnen Kindes zu überprüfen und das Lernen im Kindergarten auf einen sicheren Boden an Erkenntnissen und Erfahrungen zu stellen.

cleanly. The tray ideas in this category show what you can offer children to practice these skills.

5. Understanding our world – how, why, what for?
Nursery children often astonish us by their statements about the world. Between the second and third year of life, there is a rapid increase in knowledge about the world around us. Children recognise animals and plants, know what objects are used for and can form categories. The trays that we offer help educators check the level of knowledge of each individual child and set a child's learning in kindergarten on a secure ground of knowledge and experience.

Darauf bei der Erstellung von Tabletts achten:

• Tabletts begrenzen den Arbeitsraum des Kindes. Diese Wirkung kann man auch mit einem festen Untersetzer oder – bei Aufgaben mit größeren Materialien – mit kleinen Teppichen erzeugen.

• Tabletts präsentieren Aufgaben und keine Lösungen. Auf dem Tablett wird die Aufgabe so präsentiert, dass sie noch gelöst werden muss. Es ist wichtig, einen Anreiz zu geben, der zum Weiterspielen einlädt.

• Tabletts bieten Lernangebote an. Deshalb sollte immer genau überlegt werden, ob alle notwendigen Informationen, die das Kind zum Verstehen der Aufgabe braucht, auch dargestellt werden.

• Tabletts müssen ohne schriftliche Erklärungen auskommen. Die Aufgabe muss also gut bebildert sein. Wenn es gar nicht ohne Erklärungen geht, kann die Aufgabe auch auf eine so genannte „sprechende Klammer" aufgenommen werden. Das Kind kann sich die Aufgabe anhören, indem es die am Tablett befestigte Klammer mit den Fingern berührt.

So, when preparing trays, the following should be considered:

• Trays delineate the work space of the child. One can also achieve this effect with a secure table mat or - for tasks using larger materials - with small carpets.

• Trays present tasks, not solutions. The task is presented on the tray in such a way that it must still be solved. It is important to provide an incentive to continue playing.

• Trays offer learning opportunities. Therefore, one should always consider carefully whether all the information the child needs to understand the task is indeed displayed.

• Trays must require no written explanations. So, tasks must be clearly illustrated. If an explanation is absolutely necessary, the task can also be presented on a so called 'talking peg'. The child can listen to the task by touching the button attached to the tray with their fingers.

Aktionstabletts in Krippe und Kindergarten

Tabletts sind sehr hilfreich in Krippe und Kindergarten. Ihr Einsatz ist aber nur dann sinnvoll, wenn das gesamte Team und die Leitung hinter dieser Form der pädagogischen Arbeit stehen. Für die Arbeit mit dem Tablett braucht es eine geeignete Raumstruktur, die eine Tablettecke vorsieht. Hier sollten die Kinder einen Tisch

Learning trays in nursery and kindergarten

Trays are very helpful in nursery and kindergarten. They are only expedient, however, if the entire team and management are behind this form of educational work. Working with a tray requires a suitable spatial structure which the tray provides. Children should find a table near a shelf on which the trays are presented neatly and clearly. The tray

vorfinden, der in der Nähe eines Regals steht, indem die Tabletts ordentlich und übersichtlich angeboten werden. In der Tablettecke wird ausschließlich mit den Tabletts gearbeitet und keine anderen Aktivitäten zugelassen. Dies sollte die Anordnung der Spielecken im Raum vorgeben und durch die Erzieherinnen angeleitet werden.

Es muss unbedingt Ordnung im Raum gehalten werden. Die Tabletts im Regal müssen in ausreichender Anzahl vorhanden sein und wirklich vollständig und aufgeräumt angeboten werden.

Die Arbeit mit den Tabletts muss mit den Kindern geübt werden. Sobald die Kinder gelernt haben, sich ein Tablett zu nehmen und sich damit an den Tisch zu setzen, die Übung auf dem Tablett auszuführen und danach das Tablett zurückzustellen, kann die Erzieherin in die Beobachterposition gehen. Dann sind die Kinder in der Lage, selbstständig am Tablett zu lernen.

Der Leitung kommt bei der Arbeit mit den Tabletts eine wichtige Rolle zu. Sie muss das Team in dieser Methode trainieren und kontrollieren. Die Planungssitzung muss so organisiert werden, dass am Ende der Sitzung die Tabletts für die geplanten Lernangebote erstellt und in die Gruppen gebracht werden. Die Leitung sollte Teammitglieder beraten, die Schwierigkeiten mit der Methode haben, oder auch dafür sorgen, dass in Gruppenräumen die Tabletts sinnvoll und fachgerecht Einsatz finden.

corner is set up only for work involving trays, and no other activities are allowed there. The arrangement of play areas in the room should indicate this, and the educators should oversee it.

It is absolutely necessary that order be maintained in the room. There must be sufficient trays on the shelves and these trays must be complete and well-organised.

Working with trays must be practiced with children. Once children have learned to take a tray and sit down at a table with it, the exercise with the tray has been done and the tray replaced on the shelf, the educator should assume an observer position. The children will then be able to learn independently with the tray.

Supervision plays an important role in working with trays. They must train and supervise the team in this method. The planning session must be organized such that at the end of the session the tablets for the planned learning offers have been created and are brought into the groups. The management should advise team members who have difficulty with the method, or ensure that the trays are used expediently and professionally in group rooms.

Achtung!
Das Tablett ersetzt kein freies Spiel mit Material. Zum freien Entdecken und Spielen ist ein Aktionstablett kaum geeignet, denn es bietet ja eine sehr reduzierte Materialauswahl statt Fülle. Zusätzlich zu Aktionstabletts brauchen Krippe, Tagespflegestelle und Kita jede Menge offener Materialangebote, bereitgestellt in offenen Regalen, sowie die Möglichkeit für die Kinder, mit allen ungefährlichen Alltagsmaterialen experimentierend umzugehen.

→ Merke: Aktionstabletts ergänzen das Angebot an experimentell benutzbarem Material, ersetzen es aber niemals!

Important!
The tray does not replace free play with material. A learning tray is not really suitable for free discovery and play, because it offers a very reduced selection of materials instead of an abundance. In addition to learning trays, the nursery, day care and kindergarten need plenty of open materials on open shelves, as well as the opportunity for children to experiment with all non-hazardous everyday materials.

→ Note: Learning trays supplement the range of experimentally usable material, but never replace it!

Von rund zu eckig – Farben, Formen und Muster erkennen

From round to square – recognizing colours, shapes and patterns

Geometrische Formen legen

Reproducing geometric shapes

Klebestift
glue stick

ausgeschnittene geometrische Formen
cut out geometric shapes

Vorlage mit geometrischen Formen
forms with geometric shapes

How it's done:
Set out paper in different geometric shapes and templates with figures (house, boat, car e.g.) on a tray.
This is what the children learn:
By reproducing, they learn to recognise first geometric shapes and train their fine motor skills.

→ Planning another level:
Start the next challenge as you let the children cut out geometric shapes they need for the templates on their own. By doing so, they also practice handling the scissors.

So geht's:
Auf einem Tablett Papier in unterschiedlichen geometrischen Formen und Vorlagen mit Figuren (Haus, Boot, Auto ...) anbieten.
Das lernen die Kinder:
Durch das Nachlegen der Figuren lernen die Kinder erste geometrische Formen kennen und schulen nebenbei ihre Feinmotorik.

→ Anderes Level planen:
Als nächste Herausforderung können die Kinder die geometrischen Formen, die sie für die einzelnen Vorlagen brauchen, selbst ausschneiden. So üben sie den Umgang mit der Schere.

Farbenfrohe Klammerwelt – Farben erkennen und zuordnen

Colourful world of pegs – recognizing and assigning colours

How it's done:
Provide a bowl with clothes pegs in different colours combined with matching coloured paper.
This is what the children learn:
The children get to know colours by sorting pegs with matching paper. By dealing with clothes pegs they train their fine motor skills and eye-hand coordination.

→ Planning another level:
When the children feel safe using clothes pegs and sort colours correctly, start providing templates more challenging so the children can start reproducing different colour sequences.

So geht's:
Eine Schale mit Wäscheklammern in unterschiedlichen Farben und dazu passendes, farbiges Papier anbieten.
Das lernen die Kinder:
Die Kinder lernen Farben kennen, indem sie die Klammern dem passenden Papier zuordnen. Im Umgang mit den Wäscheklammern schulen sie ihre Feinmotorik und die Auge-Hand-Koordination.

→ Anderes Level planen:
Wenn die Kinder sicher im Umgang mit Wäscheklammern sind und Farben bereits gut zuordnen, können Sie anspruchsvollere Vorlagen bereitlegen, mit denen unterschiedliche Farbreihenfolgen nachgebaut werden.

Malermeister – Farben erkennen und zuordnen

Master painter – recognizing and assigning colours

farblich passende Buntstifte

matching colours of coloured pencils

Vorlage mit farbigen Kreisen

template with coloured circles

So geht's:
Auf einem Ateliertablett Buntstifte und eine Vorlage mit Kreisen bereitlegen. Einige der Kreise sollten bereits farbig ausgemalt sein, um einen klaren Anreiz zu schaffen.
Das lernen die Kinder:
Die Kinder üben den Umgang mit Buntstiften, trainieren die Stifthaltung und ihre Feinmotorik und lernen Kreise kennen.

→ Anderes Level planen:
Wenn die Kinder bereits fortgeschritten im Umgang mit Farben und Stiften sind, können Sie Vorlagen mit einfachen Mustern bereitlegen, die Kinder durch das Ausmalen fortführen. Beginnen Sie beispielsweise eine Reihe mit rot, blau, rot, blau und lassen sie die Kinder fortsetzen.

How it's done:
On a studio tray, set out coloured pencils and a template with circles. Some of the circles should already be coloured in order to create a clear incentive.
This is what the children learn:
The children practice using coloured pencils, holding a pencil and train their fine motor skills and learn to identify circles.

→ Planning another level:
If the children are already advanced in using colours and pencils, you can provide templates with simple patterns that help children continue colouring. For example, start a series with red, blue, red, blue and let the children continue.

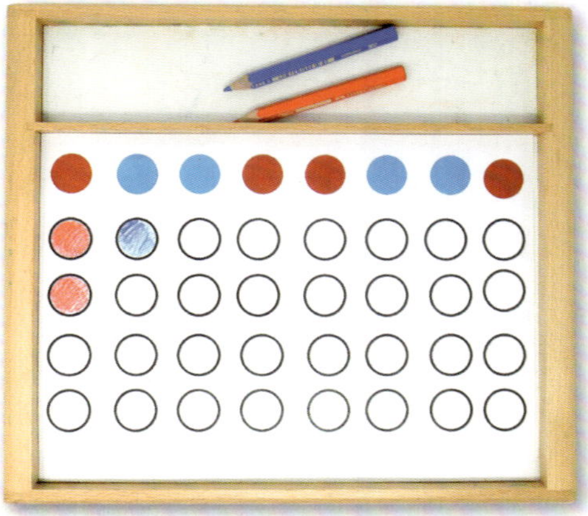

Rot zu Rot und Gelb zu Gelb – Muster legen

Red to red and yellow to yellow – first patterns

Vorlagen mit Farbmustern
templates with colour pattern

farbige Glassteine
coloured glass beads

Materialschale
bowl for materials

So geht's:
Vorlagenkarten mit farbigen Punkten in unterschiedlichen Abfolgen erstellen. Glassteine in den dazugehörigen Farben in einer Schale bereitstellen.

Das lernen die Kinder:
Die Kinder trainieren ihr Farbverständnis. Durch das Nachlegen lernen sie erste Muster und Reihenfolgen kennen.

Darauf achten:
Die Glassteine nur unter Aufsicht zur Verfügung stellen, da Verschluckungsgefahr besteht.

→ Anderes Level planen:
Im nächsten Schritt lassen Sie die Kinder das Muster auf dem „Malermeister"-Tablett von Seite 27 mit Glassteinen nachlegen. So werden die Glassteine nicht mehr auf eine Vorlage gelegt, stattdessen wird das abgebildete Muster von den Kindern in die freien Felder übertragen.

How it's done:
Create template cards with coloured dots in different sequences. Set out glass beads in the corresponding colours in a dish.

This is what the children learn:
The children train their colour understanding. By reproducing, they learn to recognise first patterns and sequences.

Important:
Only set out glass beads under supervision as there is a risk of swallowing.

→ Planning another level:
Use the „Master-painter"-tray from page 27 to create a next level. Offer the glass beads and the template from page 27. The children reproduce the pattern by laying the beads accordingly.

Buntes Eierlei – Farben erkennen und zuordnen

Colourful mix of eggs – recognizing and assigning colours

So geht's:
Auf einem Tablett farbige Plastikeier oder Kugeln bereitstellen. Dazu einen Eierkarton, der in den entsprechenden Farben bemalt ist.
Das lernen die Kinder:
Die Kinder lernen, die Farben zuzuordnen.
Darauf achten:
Die Farben im Eierkarton und die Farben der Eier oder Kugeln müssen genau übereinstimmen, damit die Kinder sie eindeutig zuordnen können.

→ Anderes Level planen:
In einem nächsten Schritt werden die Farben nicht in den Eierkarton gemalt, sondern auf eine separate Vorlagenkarte. Eine besondere Herausforderung ist die Übertragung, die die Kinder jetzt schaffen müssen – vom Muster auf der Vorlagenkarte zur Anordnung im Eierkarton.

How it's done:
Set out coloured plastic eggs or balls on a tray and an egg carton painted with matching colours.
This is what the children learn:
The children learn to assign colours.
Important:
The colours in the egg carton have to match the coloured eggs and balls precisely so the children can clearly assign them.

→ Planning another level:
In a next step, paint the matching colours on a template instead directly on the egg carton. The challenge now is the transfer the children have to manage – from the pattern on the template to the colour arrangement in the egg carton.

Turmbau – Farben erkennen und zuordnen

Building a tower – recognizing and assigning colours

So geht's:
Eine Schale mit Duplosteinen in der jeweils zur Vorlage passenden Farbe und Vorlagenkarten mit je einfarbigen Duplotürmchen bereitlegen.
Das lernen die Kinder:
Jüngere Kinder werden mit diesen sehr einfachen Vorlagen an die Tablettarbeit herangeführt. So beschäftigen sich die Kinder zunächst mit Farben und bauen einen blauen, roten oder gelben Turm, bevor sie beginnen, Farbreihenfolgen zu erkennen und nachzubauen.
Darauf achten:
In die Schale mit Duplosteinen immer nur Farben und Mengen der Duplosteine legen, die zum Nachbauen der Vorlagen tatsächlich benötigt werden.

→ Anderes Level planen:
In einem nächsten Schritt legen Sie Vorlagen mit wechselnden Farben bereit. Die Kinder lernen, die Farben zu erkennen und in der richtigen Reihenfolge nachzubauen.

How it's done:
Set out a bowl with duplo bricks matching the colour of the template. Add a template with unicoloured duplo towers.
This is what the children learn:
Younger children will simply learn first experiences with trays. They first deal with colours and simply build blue, red or yellow towers before identifying and reproduce colour sequences.
Important:
Only use duplo bricks in matching colour and amount the children need to reproduce the template.

→ Planning another level:
In a next step provide templates with changing colours. The children learn to identify colours and to reproduce sequences in the right order.

Von 1 bis 5 – Mengen verstehen

From 1 to 5 – understanding quantities

Zwei Halbe sind ein Ganzes

Two halves make a whole

Bauklötze in passenden Größenverhältnissen
building blocks in matching proportions

vorgezeichnete Vorlage
predrawn template

How it's done:
Set out two blocks which, when folded together, make a square. Draw this square on a template and divide it into two equal rectangles.
This is what the children learn:
The children place the building blocks on the template so that two rectangles make one square. in doing so, they gain a first understanding of quantities.

→ Planning another level:
Divide the square into smaller quantities and provide four equal shaped squares or rectangles that always merge to the same big square when folded together.

So geht's:
Zwei Bauklötze bereitstellen, die zusammengelegt ein Quadrat ergeben. Dieses Quadrat auf eine Vorlage zeichnen und in die beiden Hälften unterteilen.
Das lernen die Kinder:
Die Kinder legen die Bauklötze so zusammen, dass aus zwei Hälften ein Ganzes wird und lernen dabei ein erstes Verständnis von Mengen.

→ Anderes Level planen:
Das Quadrat in kleinere Mengen unterteilen und vier Viertel anbieten, die die Kinder auf der Vorlage zum stets gleichgroßen Quadrat zusammenlegen.

Wie viele Finger? – Die Zahlen von 1 bis 5

How many fingers? – The numbers from 1 to 5

Vorlage mit Handumrissen

template with hand outlines

Karten mit zu den Vorlagen passenden Handumrissen

cards with hand outlines matching the templates

Materialschale

bowl for materials

So geht's:
Auf ein Blatt Papier Handumrisse malen, die verschiedene Fingeranzahlen zeigen. Karten mit identischen Abbildungen erstellen.
Das lernen die Kinder:
Die jüngeren Kinder benutzen dieses Tablett vor allem als Puzzle und ordnen die gelbe Hand zur gelben Vorlage, die rote zur roten Vorlage und so weiter. Sie vertiefen so ihr Farbverständnis. Der nächste Schritt ist dann das Verstehen der Mengen – Wie viele Finger zeigt die rote Hand, wie viele die gelbe?

→ Anderes Level planen:
Für Kinder, die zählen können, werden in einem nächsten Schritt die Handkarten genutzt, um sie zu Würfelaugen zu sortieren. Die Kinder müssen also wissen, wie viele Finger angezeigt werden und sortieren sie dann zu den passenden Würfelaugen.

How it's done:
Draw hand outlines on a sheet of paper showing different numbers of fingers. Create cards with identical images.
This is what the children learn:
Younger children use this tray mainly as a puzzle, arranging the yellow hand with the yellow template, the red to the red template and so on. Thus, they increase their understanding of colour. The next step is to understand quantities – how many fingers does the red hand show, how many does the yellow one show?

→ Planning another level:
For children who can count, in a next step, the hand cards are used to sort them according to numbers on dice. So, the children must know how many fingers are shown and then sort these according to the right numbers on dice.

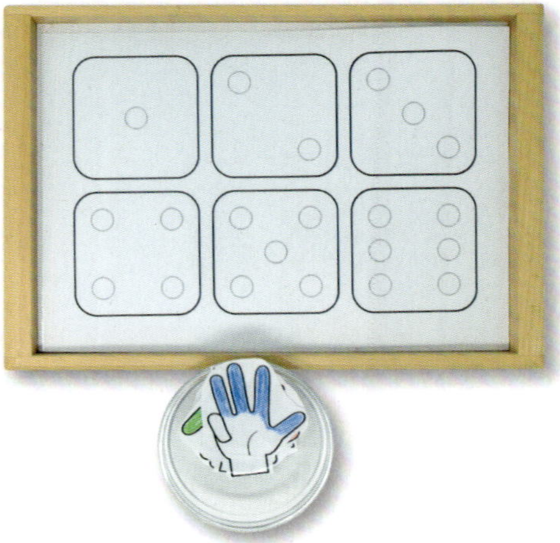

Ist das Glas halbvoll?

Is the glass half full?

So geht's:
Eine Karaffe mit Wasser und mehrere gleichgroße Behältnisse mit Markierungen in unterschiedlichen Höhen bereitstellen.
Das lernen die Kinder:
Die Kinder üben das Eingießen und damit die Auge-Hand-Koordination und beschäftigen sich mit Mengen.
Darauf achten:
Möglichst eine Karaffe anbieten, die auch in der Essenssituation benutzt wird. Die Kinder üben hier das Schütten, es ist sinnvoll, wenn sie es mit den Dingen üben, die sie auch während der Mahlzeiten benutzen. Gefärbtes Wasser sorgt dafür, dass die Füllhöhen besser zu erkennen sind.

→ Anderes Level planen:
Wenn die Kinder sich mit dem Eingießen sicher fühlen, kann die nächste Herausforderung darin bestehen, die selbe Menge Wasser in unterschiedlich große Gefäße zu gießen und die daraus resultierenden, unterschiedlichen Füllhöhen zu untersuchen.

How it's done:
Provide a carafe of water and several equally sized containers with markings at different levels.
This is what the children learn:
The children practice pouring and thus eye-hand coordination and they are dealing with quantities.
Important:
If possible provide a carafe, which is also used in the eating situation. The children practice pouring; it is useful for them to practice with things they use during meals. Coloured water makes it easier to recognise the filling level.

→ Planning another level:
When the children feel safe with pouring, start the next challenge as you let the children pour the same amount of water in different sized containers, so they can examine the different filling levels.

Grünes Männchen, grünes Feld – erstes Zählen

Green figure, green field – first counting

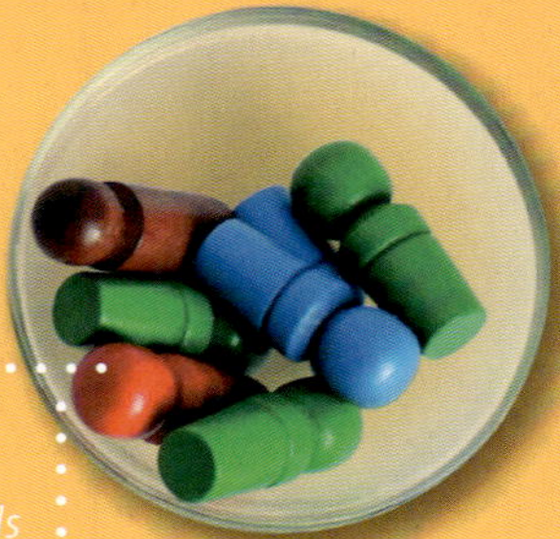

So geht's:
Farbige Spielfiguren in unterschiedlicher Anzahl bereitstellen und auf dem Tablett Vorlagenkarten in den Farben der Spielfiguren auslegen.
Das lernen die Kinder:
Die Kinder ordnen die Spielfiguren den Farben zu und erlangen ein erstes Mengenverständnis.
Darauf achten:
Um Verschluckungsgefahr zu vermeiden, nur Spielfiguren anbieten, die größer als 5 cm sind.

→ Anderes Level planen:
Zu den Spielfiguren werden jetzt Vorlagenkarten mit farbigen Würfelaugen bereitgelegt. Die Spielfiguren sollten in Anzahl und Farbe zu den abgebildeten Würfelaugen passen. Die Kinder ordnen die Spielfiguren den Farben zu und lernen Würfelaugen kennen. Das Mengenverständnis wird geschult und Zählen kann geübt werden.

How it's done:
Set out coloured figures in different quantities and coloured templates matching the colours of the figures.
This is what the children learn:
The children assign the figures to the colours and gain a first unterstanding of quantities.
Important:
To avoid the risk of swallowing, provide figures that are bigger than 5 cm.

→ Planning another level:
Place templates with coloured numbers on dice along with the figures. The figures should match the quantities and colours of the displayed numbers of dice. The children assign the figures to the colours and get to know the dice and its numbers. They train their understanding of quantities and counting can be exercised.

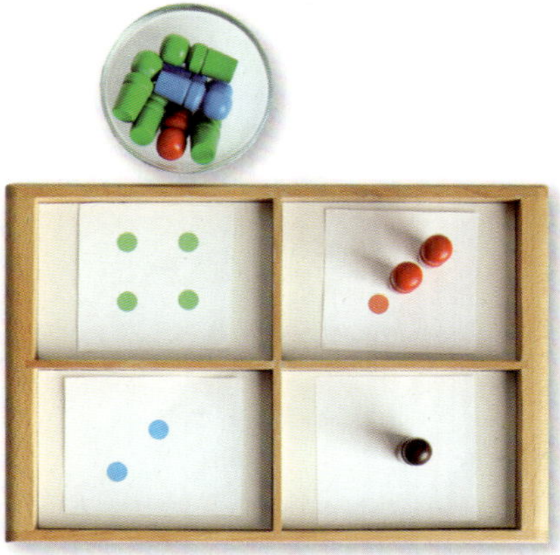

Von 1 bis 5 – Farben und Mengen sortieren

From 1 to 5 – sorting colours and quantities

Vorlage mit Zahlen, Farben und Punkten

template with numbers, colours and dots

Glassteine

glass beads

Materialschale

bowl for materials

So geht's:
Auf eine Vorlage farbige Balken mit einer Zahl und entsprechend vielen Leerfeldern drucken. Glassteine in den passenden Farben bereitstellen.
Das lernen die Kinder:
Die Kinder sortieren die Glassteine zu den Farben und erfahren nebenbei etwas über Mengen und Zahlen. Durch das Zusortieren werden unterschiedliche Mengen sichtbar.
Darauf achten:
Die Glassteine nur unter Aufsicht verwenden.
Verschluckungsgefahr!

→ Anderes Level planen:
Für das nächste Level können Sie den Zahlenraum auf der Vorlage vergrößern und die Kinder Glassteine zu den Zahlen von 1 bis 10 zuordnen lassen.

How it's done:
On a template, print coloured bars with numbers and a corresponding number of empty fields. Set out glass beads of the appropriate colours.
This is what the children learn:
The children sort the glass beads according to colours and are exposed to the concept of quantities and numbers. Sorting makes different quantities visible.
Important:
The glass beads should only be used under supervision.
Danger of swallowing!

→ Planning another level:
To create the next level, offer a new template so the children can sort glass beads with numbers up to 10.

Wenn Dinge sich ändern – Trennen, verbinden und verstecken

Changing things – disconnecting, connecting and hiding

Fädelschläuche

Threading tubes

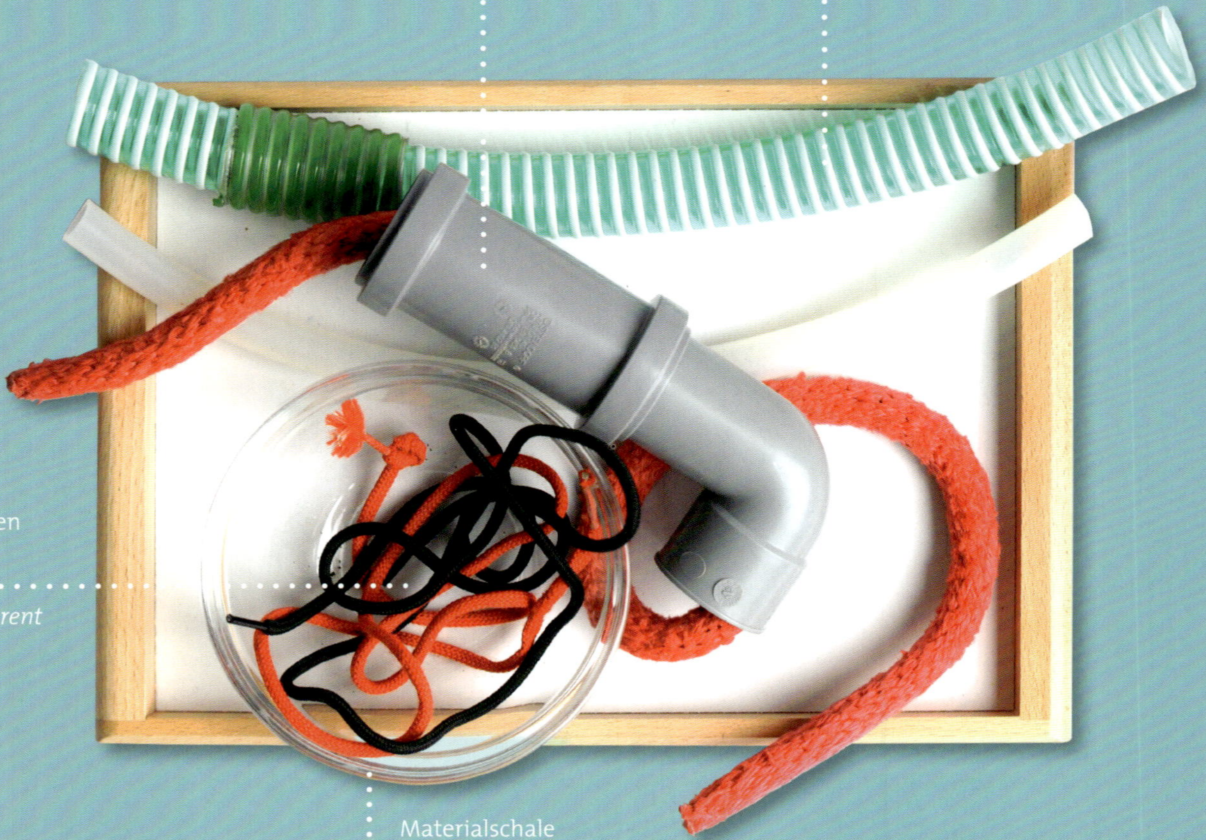

So geht's:
Unterschiedlich dicke Schläuche und Kordeln bereitlegen.
Das lernen die Kinder:
Dinge ineinander stecken, verbinden und trennen sind elementare Spielhandlungen der Kinder unter drei Jahren. Schnüre und Kordeln durch unterschiedliche Schläuche zu fädeln, ist spannend und wird ausdauernd geübt. Nebenbei werden Feinmotorik und Auge-Hand-Koordination geschult, denn es ist gar nicht so einfach, alle Schnüre so zu fädeln, dass sie tatsächlich am anderen Ende wieder auftauchen!
Darauf achten:
Kurze Schnüre verwenden und das Tablett nur unter Aufsicht zur Verfügung stellen, die Schnüre dürfen nicht um den Hals gewickelt werden können.

→ Anderes Level planen:
Für die nächste Schwierigkeitsstufe können Sie auf diesem Tablett dünnere Fäden und Schläuche anbieten, die das Fädeln erschweren.

How it's done:
Provide different thicknesses of pipes and cords.
This is what the children learn:
Putting things together, connecting and separating are elementary play activities of children under three years. Threading strings and cords through different pipes is exciting and is practiced often. In addition, fine motor skills and eye-hand coordination are trained, because it is not so easy to thread all the strings so that they actually reappear at the other end!
Important:
Use short strings and allow children to use the tray only under adult supervision; it should not be possible for them to wrap the strings around their neck.

→ Planning another level:
For a more difficult level, offer thinner strings and tubes, so threading becomes more difficult.

Murmelschlauch
Marble tube

So geht's:

Eine kleine Plastikdose an das Ende eines Schlauchs kleben. Den Dosenschlauch mit einer Schale Murmeln auf dem Tablett bereitlegen.

Das lernen die Kinder:

Die Murmeln in den Schlauch zu stecken und zu beobachten, wie sie sich im Behälter am anderen Schlauchende sammeln, macht den Kindern Spaß und fördert ihre Feinmotorik. Und je mehr Murmeln sich im Behälter gesammelt haben, je lauter wird die Rassel, die nebenbei entsteht.

Darauf achten:

Wegen Verschluckungsgefahr nur unter Aufsicht anbieten.

→ Anderes Level planen:

Statt des fertigen Schlauchs Rohrteile aus dem Baumarkt auf dem Tablett anbieten. Die Kinder bauen sich aus diesen Teilen ihr eigenes Murmelrohr und können dann Murmeln, Kastanien, Stoffbommel und andere Materialien hindurchstecken.

How it's done:

Glue a small plastic box to the end of a tube. Place the box tube with a bowl of marbles on the tray.

This is what the children learn:

Putting the marbles in the tube and watching them collect in the container at the other end of the tube is fun for children and encourages their fine motor skills. And the more marbles collect in the container, the louder the rattle that is heard!

Important:

To avoid the risk of swallowing, only provide this tray under supervision.

→ Planning another level:

Set out pipe parts from the hardware store instead of the tube. The children build their own marble pipe with the individual parts and push through different materials like marbles, chestnuts or pompoms.

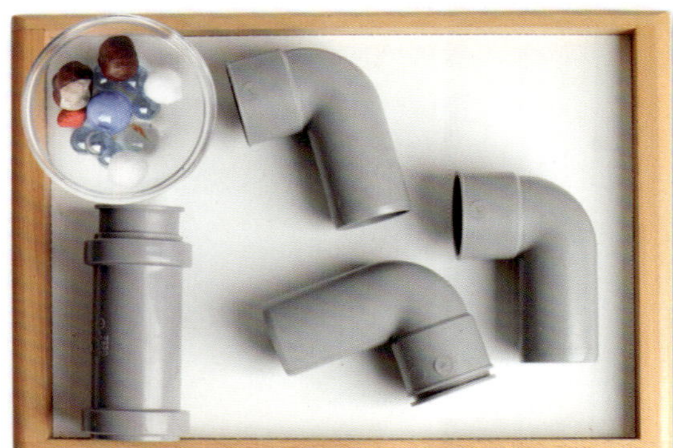

Schnipsel kleben
Gluing snippets

So geht's:
Auf einem Ateliertablett einfarbige Papierschnipsel und einen Klebestift anbieten. In die Arbeitsfläche weißes Papier mit unterschiedlichen geometrischen Formen legen.
Das lernen die Kinder:
Dinge zu verbinden und zu trennen ist eine Lieblingsbeschäftigung von Krippenkindern. Mit diesem Tablett untersuchen die Kinder das Trennen und Verbinden, üben den Umgang mit Kleber und trainieren ihre Feinmotorik. Gleichzeitig lernen sie erste geometrische Formen kennen.
Darauf achten:
Den Kleber nur dann anbieten, wenn eine Pädagogin in der Nähe ist, die darauf achtet, dass der Kleber nur für die Arbeit mit dem Tablett genutzt wird.

→ Anderes Level planen:
In der leichteren Variante kleben die Kinder farbige Papierschnipsel in eine Form, eine Stufe schwieriger wird es, wenn sie versuchen, die Schnipsel auf die Linie von Kreis, Dreieck oder Quadrat zu kleben.

How it's done:
On a studio tray, set out unicoloured paper scraps and a glue stick. Place white paper in different geometric shapes on the work surface.
This is what the children learn:
Putting things together and taking them apart is a favorite activity of nursery children. With this tray, children examine separation and connection, practice handling glue and train their fine motor skills. They also learn to recognise the first geometric forms.
Important:
Only allow children to work with glue if there is an educator nearby to make sure they only use the glue to work with the tray.

→ Planning another level:
In the easier version, children stick coloured bits of paper in a mold; this becomes a step harder if they try to stick the pieces on the lines of a circle, triangle or square.

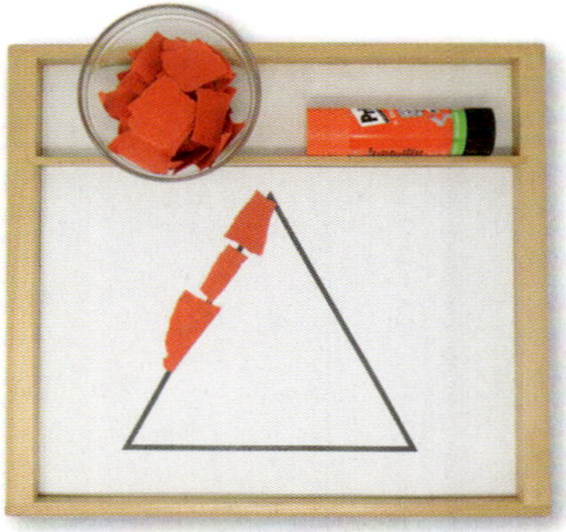

Total von der Rolle

Totally off the roll

So geht's:
Knete und Materialien bereitlegen, mit denen die Knete bearbeitet werden kann, wie ein Messer, eine Teig- oder Farbrolle oder ein Igelball.
Das lernen die Kinder:
Kinder, die sich für das Verbinden und Trennen interessieren, werden sich gern damit beschäftigen, die Knete zu zerschneiden, neu zu formen oder kleine Skulpturen zu erschaffen. Der erste Umgang mit dem Messer wird nebenbei auch geübt!
Darauf achten:
Das Messer nur unter Aufsicht zur Verfügung stellen.

→ Anderes Level planen:
Sind die Kinder bereits geübt im Umgang mit Knete und Werkzeugen, lässt eine Schale Naturmaterialien, mit denen die Knete verziert werden kann, kreative Knetgebilde entstehen!

How it's done:
Set out dough and materials that can be used to work it, such as a knife, a dough or paint roller, or a prickly ball.
This is what the children learn:
Children who are interested in joining and separating will be happy to cut the dough, to reshape it or to create small sculptures. They also practice handling a knife for the first time!
Important:
Only allow children to use the knife under supervision.

→ Planning another level:
If the children have already practiced using dough and tools, a range of natural materials with which dough can be decorated can result in creative work!

Heute bin ich Baumeister

Today I am a master builder

verschiedene Bauteile
aus dem Holztechnikbaukasten
different components
from the woodworking kit

Schrauben aus dem
Holztechnikbaukasten
screws from the
woodworking kit

So geht's:
Holzschrauben und verschiedene Bauelemente aus dem Holztechnikbaukasten anbieten.
Das lernen die Kinder:
Die Kinder verschrauben Dinge und trennen sie wieder voneinander, dabei trainieren sie ihre Feinmotorik und lernen das Material kennen, das sie anschließend zum Konstruieren eigener Ideen nutzen können.
Darauf achten:
Verschluckbare Kleinteile nur unter Aufsicht anbieten.

→ Anderes Level planen:
Wenn die Kinder mit den Holzschrauben gut umgehen können, lässt sich diese Tablettaufgabe erweitern, indem Sie echte Schrauben und Muttern in unterschiedlichen Größen aus dem Baumarkt anbieten.

How it's done:
Provide wood screws and different building components from the woodworking kit.
This is what the children learn:
The children screw things together and separate them again, while they train their fine motor skills and get to know the material, which they can then use to construct their own ideas.
Important:
Only allow children to work with swallowable small parts under supervision.

→ Planning another level:
As soon as the children are able to use the wooden screws easily, you can extend this tablet by offering real screws from a hardware store.

Faden trifft Perle – Fingerfertigkeit und Motorik

Thread meets bead – dexterity and fine motor skills

Bandnudelkette – Fädelübungen

Noodle string – threading practice

So geht's:
Bunten Pfeifendraht und Röhrennudeln (z.B. Penne oder Makkaroni) auf einem Tablett bereitstellen.
Das lernen die Kinder:
Die Kinder üben Fädeln, trainieren ihre Geschicklichkeit und die Feinmotorik.
Darauf achten:
Die spitzen Enden des Pfeifendrahts gegebenenfalls umbiegen.

→ Anderes Level planen:
Anstatt der leicht zu fädelnden Nudeln können im nächsten Schritt Perlen angeboten werden, die die Kinder auf den Pfeifendraht auffädeln. Achten Sie dabei darauf, dieses Tablett wegen der Kleinteile nur unter Aufsicht anzubieten.

How it's done:
Set out coloured pipe cleaners and noodles (e.g. penne or macaroni) on a tray.
This is what the children learn:
The children practice threading, train their coordination and fine motor skills.
Important:
If necessary, bend the pointed ends of the pipe wire.

→ Planning another level:
Instead of noodles you can offer beads to makes threading more difficult. Make sure to offer the beads only when children are supervised.

Schraubübungen mit Dosen
Screwing practice with tins

So geht's:
Schraubdosen mit unterschiedlichem Inhalt – hier bieten sich z.B. Naturmaterialien an – bereitstellen.
Das lernen die Kinder:
Neugierig darauf, was sich in der Dose befindet und wie es sich anfühlt, trainieren die Kinder mit diesem Tablett intensiv ihre Feinmotorik und üben das Auf- und Zuschrauben.
Darauf achten:
Schraubdosen in unterschiedlichen Größen zur Verfügung stellen, um den Kindern verschiedene Lernerfahrungen zu ermöglichen.

→ Anderes Level planen:
Ein zweigeteiltes Tablett verwenden, auf dem links die Schraubdosen stehen und rechts eine Vorlage bereitliegt, auf der die Doseninhalte abgebildet sind. Die Kinder schrauben die Dosen auf und sortieren anschließend die Inhalte den passenden Bildern zu.

How it's done:
Screw-top tins with different contents – here you can set out natural materials, for example
This is what the children learn:
Curious about what's in the tin and what it feels like, children use this tray to intensively train their fine motor skills and practice screwing on and off.
Important:
Set out screw-top tins of different sizes to allow children different learning experiences.

→ Planning another level:
Use a two-part tray, on the left of which there are screw-top tins and on the right a template on which the tin contents are shown. The children unscrew the tins and then sort the contents to the appropriate images.

Federleichtes Küchensieb – Feinmotorik trainieren

Lightweight kitchen sieve – fine motor skills practice

Federn
feathers

Materialschale
bowl for materials

Küchensieb
kitchen sieve

So geht's:
Küchensieb und farbige Federn bereitstellen. Um den nötigen Anreiz zu bieten, einige Federn in das Küchensieb stecken.
Das lernen die Kinder:
Die Kinder friemeln die Federn in das Sieb und trainieren dabei ihre Feinmotorik.
Darauf achten:
Federn sollten nur unter Aufsicht angeboten werden.

→ Anderes Level planen:
Für einen nächsten Schritt können Sie statt der Federn eine Schnur auf dem Tablett bereitlegen, die die Kinder in das Nudelsieb fädeln.

How it's done:
Set out a kitchen sieve and coloured feathers. To provide the necessary incentive, insert some feathers into the kitchen sieve.
This is what the children learn:
The children work the feathers into the sieve, training their fine motor skills.
Important:
Feathers should only be offered under supervision.

→ Planning another level:
For a next step, you can offer a cord instead of feathers. The children thread the cord into the kitchen sieve and train their fine motor skills.

Pusten, pusten, TOOOOR!

Puff, puff, GOOOAAAALLL!

Tor aus Obstverpackung

goal made of fruit packaging

Wattebäusche

cotton balls

Strohhalm zum Pusten

drinking straw to blow

aufgeschnittene Papprõhre

sliced roll of kitchen paper

So geht's:
Auf dem Tablett ein Tor (z.B. aus einer Obstverpackung), einen Strohhalm und einen Wattebausch anbieten. Eine aufgeschnittene Küchenpapierrolle auf die Vorlage kleben, um das „Tore pusten" zu erleichtern.
Das lernen die Kinder:
Die Kinder versuchen, die Wattebäusche mithilfe des Strohhalms ins Tor zu pusten. Dabei trainieren sie Feinmotorik, Auge-Hand-Koordination und Mundmotorik.
Darauf achten:
Die Kleinteile zum Pusten nur unter Aufsicht anbieten.

→ Anderes Level planen:
Für Kinder, die diese Aufgabe schon gut schaffen, kann eine schwierigere Variante angeboten werden: die Küchenrolle als „Pust-Hilfe" entfernen und unterschiedliche Materialien wie Feder, Korken oder Wattebausch zum Pusten anbieten.

How it's done:
Set out a goal (e.g. from fruit packaging), a drinking straw and a cotton ball. Glue a sliced roll of kitchen paper to the tray to make it more easier for the children to blow.
This is what the children learn:
The children try to blow the cotton balls into the goal using the straw. They train fine motor skills, eye-hand coordination and oral motor skills.
Important:
Only allow children to blow the small parts under supervision.

→ Planning another level:
For children managing this exercise quite well, provide a harder version: Take away the sliced kitchen roll that functioned as a helpful tool and provide different materials such as feathers, corks or cotton balls.

Blubberblasen

Bubble-blowing

So geht's:
Mit einem Spiegel auf einem Stativ und einem Glas Wasser mit Strohhalm davor können die Kinder sich beim Blubbern beobachten. Durch den Spiegel wird der Effekt verstärkt und das Blubbern macht noch mehr Spaß! Auch mit Lebensmittelfarbe gefärbtes Wasser ist eine Möglichkeit, das Tablett noch spannender zu machen.
Das lernen die Kinder:
Das Blubbern ist ein erstes Wasserexperiment, der Umgang mit dem Strohhalm schult die Mundmotorik.
Darauf achten:
Dieses Tablett werden die Kinder sehr gerne nutzen, tauschen Sie Wasser und Strohalme daher regelmäßig aus.

→ Anderes Level planen:
Auf ein Plastiktablett Seifenwasser füllen und einen Strohhalm bereitlegen. Die Kinder können durch vorsichtiges Pusten große Seifenblasen entstehen lassen und damit ihre Mundmotorik weiter trainieren.

How it's done:
With a mirror on a tripod and a glass of water with a straw, children can watch themselves blow bubbles. Through the mirror, the effect is enhanced and bubble-blowing is even more fun! Use food colouring to colour the water and make the tray even more exciting.
This is what the children learn:
Bubble-blowing is a first water experiment; handling the straw trains the oral motor skills.
Important:
This tray is very useful for children, so replace the water and the straws frequently.

→ Planning another level:
Fill a plastic tray with soap water and provide a straw. By trying to create as big bubbles as possible they train their oral motoric skills further.

Von A nach B – Geschicklichkeit und Geduld üben

From A to B – practising dexterity and patience

So geht's:
Ein Tablett mit Kronkorken oder ähnlichem bekleben, damit eine Erhöhung entsteht. Darauf Pappe oder Papier mit mit ein bis zwei Ausstanzungen befestigen. Eine für die Ausstanzungen passende Kugel dazulegen.
Das lernen die Kinder:
Durch Bewegen und Neigen des Tabletts versuchen die Kinder, die Kugel in die Vertiefung zu bewegen. Das fördert die Feinmotorik und die Auge-Hand-Koordination!
Darauf achten:
Kleinere Kugeln oder Murmeln wegen der Verschluckungsgefahr nur unter Aufsicht verwenden.

→ Anderes Level planen:
In einem nächsten Schritt kann das Tablett schwieriger gestaltet werden – mit mehreren Löchern, aufgeklebten Hindernissen und Pappröhren, durch die die Kugel rollt.

How it's done:
Cover a tray with bottle caps or something similar to create an elevation. Then, paste on cardboard or paper with one or two cutouts. Set out a ball suitable for punching holes.
This is what the children learn:
By moving and tilting the tray, the children try to move the ball into the recess. This promotes fine motor skills and eye-hand coordination!
Important:
Because of the risk of swallowing, smaller balls or marbles should only be used under supervision.

→ Planning another level:
You can offer the children a more difficult task by adding more cutouts, sticking on barriers or a cardboard tube where the ball goes through.

Gefräßiger Tennisball – Geschicklichkeit und Geduld üben

Hungry tennis ball – dexterity and patience practice

So geht's:
Einen Tennisball mit einem Gesicht bemalen, in den Mund einen großen Schlitz schneiden. Eine Schüssel mit Linsen und einen Löffel bereitstellen.

Das lernen die Kinder:
Die Kinder „füttern" den Tennisball und schulen dabei ihre Feinmotorik und die Auge-Hand-Koordination. Es ist gar nicht so leicht, mit der einen Hand Druck auszuüben, damit sich der Ball-Mund öffnet und mit der anderen Hand vorsichtig die Linsen zu transportieren!

→ Anderes Level planen:
Anderes „Futter" für den Tennisball sorgt für unterschiedliche motorische Herausforderungen. Statt Linsen und Löffel können Sie beispielsweise Kidneybohnen und eine Zuckerzange anbieten.

How it's done:
Paint a tennis ball with a face; cut a big slit for the mouth. Provide a bowl with lentils and a spoon.

This is what the children learn:
The children 'feed' the tennis ball and train their fine motor skills and eye-hand coordination. It is not so easy to apply pressure with one hand so that the ball-mouth opens and carefully transport the lentils with the other hand!

→ Planning another level:
Other 'food' for the tennis ball provides different motor challenges. For example, instead of lentils and spoons, you can offer kidney beans and sugar tongs.

Ich fädel mir die Welt, wie sie mir gefällt

I thread the world the way I like it

Fädelvorlagen

threading template

Holznadel und Faden

wooden needle and thread

So geht's:
Fädelvorlagen, z. B. Papier in Obstform, auf Pappe oder laminiert vorbereiten und mit Holznadel und Faden bereitlegen.
Das lernen die Kinder:
Die Kinder trainieren ihre Feinmotorik und lernen den ersten Umgang mit Nadel und Faden. Wenn Sie bekannte Motive verwenden (wie hier z. B. das Obst aus der „Raupe Nimmersatt"), schaffen Sie nebenbei Sprachanlässe und vertiefen aktuelle Themen der Kinder.
Darauf achten
Kleinteile wie die Holznadel nur unter Aufsicht anbieten.

→ Anderes Level planen:
Wenn das Fädeln geübt wurde, kann im nächsten Schritt etwas zusammengenäht werden, dafür eignet sich selbstgebasteltes Material aus stabiler Pappe oder Holzmaterial wie in unserem Beispiel. Hier werden Holzpullover und -schuhe mit dem Bären vernäht, um ihn „anzuziehen".

How it's done:
Set out threading templates, such as paper in fruit form, with wooden needle and thread.
This is what the children learn:
The children train their fine motor skills and have their first go at using needle and thread. If you use well-known motifs (such as the fruit from the 'Hungry Caterpillar'), you will also encourage language abilities and add depth to children's current topics.
Important:
Only allow children to work with small parts such as the wooden needle under supervision.

→ Planning another level:
If threading has been practiced, in the next step, something can be sewn together. Homemade material made of sturdy cardboard or wood material as in our example is suitable for this. Here, wooden pullovers and shoes are sewn to the bear to 'dress him'.

Pipettenträufler – Feinmotorik üben

Pipette dropper – fine motor skills practice

So geht's:
Ein Wasserbehältnis und eine große Pipette bereitstellen. Glasschälchen mit unterschiedlichen Materialien füllen, z.B. Kaffeefilter, Papier, Stoff, Sand oder Maisgries.
Das lernen die Kinder:
Die Kinder experimentieren mit der Falllinie und damit, wie Wasser sich auf unterschiedlichen Materialien verhält. Dabei trainieren sie ihre Feinmotorik und üben den Umgang mit der Pipette.

→ Anderes Level planen:
Statt unterschiedlicher Materialien können auch farbige Schälchen und Glasflaschen mit unterschiedlich gefärbtem Wasser angeboten werden. Die Kinder träufeln dann das farbige Wasser in die passenden Schälchen und üben so zusätzlich das Zuordnen von Farben.

How it's done:
Set out a water container and a large pipette. Fill glass bowls with different materials, e.g. coffee filters, paper, cloth, sand or corn grits.
This is what the children learn:
The children experiment with the line of fall and thus see how water behaves on different materials. They train their fine motor skills and practice handling the pipette.

→ Planning another level:
Instead of different materials, coloured bowls and glass dishes containing differently coloured water can be provided. The children then drip the coloured water into the appropriate dishes, thus additionally practicing the assignment of colours.

Weltwissen – Wieso, weshalb, warum?

Understanding our world – how, why, what for?

Puzzle-Ich
Puzzle-me

Materialschale
bowl for materials

laminierte Puzzleteile
laminated puzzle pieces

So geht's:
Fotos der Kinder aufnehmen, ausdrucken, laminieren und zu einem Puzzle zerschneiden.
Das lernen die Kinder:
Die Kinder puzzeln ihre Freunde zusammen und lernen die Körperteile kennen – wo befinden sich Arme, Beine, Füße und wie viele Finger sind an einer Hand?

→ Anderes Level planen:
Mit einer App wie beispielsweise „Puzzelbox" lassen sich mit den Kindern gemeinsam weitere Vorlagen für dieses Tablett produzieren. Die Kinder können sich gegenseitig fotografieren und aus diesen Bildern eigene Puzzles erstellen.

How it's done:
Take photos of the children, print, laminate and cut into a puzzle.
This is what the children learn:
The children put their friends together and get to know the parts of the body – where are the arms, legs and feet, and how many fingers are on a hand?

→ Planning another level:
With an app like „Puzzelbox" you can produce more templates together with the children. After taking pictures from one another the children can create their own puzzles with these new templates.

Klonk, klonk, kling! – Geräusche zuordnen

Clunk, clunk, kling! – Assigning sounds

So geht's:
Unterschiedliche Behältnisse und Materialien sowie einen Holzstab als Schläger auf das Tablett legen – fertig ist das Materialxylophon!

Das lernen die Kinder:
Kleinkinder sind fasziniert von Klängen und probieren im Alltag unterschiedlichste Möglichkeiten aus, Klänge zu erzeugen. Dieses Tablett ermöglicht ihnen unterschiedlichste Klang- und Materialerfahrungen.

→ Anderes Level planen:
Nach einer Weile können die Materialien auf dem Tablett ausgetauscht und das Materialxylophon damit verändert werden, auch durch einen anderen Schläger werden neue Klangexperimente möglich.

How it's done:
Place different containers and materials and a wooden stick as a drum stick on a tray – and you've made a material xylophone!

This is what the children learn:
Toddlers are fascinated by sounds and try different ways to create sounds in everyday life. This tray allows you a variety of sound and material experiences.

→ Planning another level:
After a while, the materials on the tray can be exchanged and the material xylophone changed, and another drum stick used to make new sound experiments possible.

Was leuchtet da? – Spielen mit Licht

What's that light? – Playing with light

So geht's:
Tablett mit Taschenlampe, LED-Küchenlampe (aus dem Baumarkt) und farbigen Bechern und Schüsseln vorbereiten und in einem abgedunkelten Raum oder einer unbeleuchteten Raumecke anbieten.
Das lernen die Kinder:
Die Kinder experimentieren mit Licht und Schatten, Farben und Formen und sind fasziniert von den Effekten, die sie mit der Taschenlampe erzeugen können.
Darauf achten:
LED-Lampen können den Augen schaden. Das Tablett unter Aufsicht einsetzen und darauf achten, dass die Kinder sich nicht direkt in die Augen leuchten.

→ Anderes Level planen:
Wenn Sie auf diesem Tablett Materialien wie Karton, Stoff oder Plexiglas anbieten, können die Kinder mit unterschiedlicher Lichtdurchlässigkeit experimentieren.

How it's done:
Set out a tray with flashlight, LED kitchen lamp (from the hardware store) and coloured cups and bowls in a darkened room or an unlit room corner.
This is what the children learn:
The children experiment with light and shadow, colours and shapes and are fascinated by the effects they can generate with the flashlight.
Important:
LED lights can damage the eyes! Use the tray under supervision and make sure that the children do not shine light directly into their eyes.

→ Planning another level:
If you add materials such as cardboard, fabrics or acrylic glass, the children can experiment with different levels of transparency.

Wie fühle ich mich? – Mimik erkennen

How do I feel? – Recognizing facial expressions

Mund- und Augenvorlagen mit unterschiedlichen Emotionen

mouth and eye templates with different emotions

Kopfvorlage mit eingezeichneter Nase

head template with nose drawn on

So geht's:
Auf einer Vorlage Kopf, Ohren und Nase vorzeichnen. Mund und Augen mit unterschiedlichen Ausdrücken vorbereiten.
Das lernen die Kinder:
Die Kinder legen Gesichter mit unterschiedlichen Gefühlsausdrücken – ein lachender Mund, grimmige Augen oder heruntergezogene Mundwinkel stellen unterschiedliche Emotionen dar. Die Kinder lernen sie zu deuten und darüber zu sprechen.
Darauf achten:
Die unterschiedlichen Mund- und Augenpartien müssen einem Gefühl klar zugeordnet werden können und ausdrucksstark sein.

→ Anderes Level planen:
In einem nächsten Schritt können Sie die Vorlage mit den Kindern gemeinsam erstellen und sie die einzelnen Gesichtspartien selbst ausschneiden lassen.

How it's done:
Outline head, ears and nose on a template. Prepare mouth and eyes with different expressions.
This is what the children learn:
The children place faces with different expressions of emotion – a laughing mouth, grim eyes or pulled down corners of the mouth represent different emotions. The children learn to interpret and talk about these expressions.
Important:
The different mouth and eye areas must be able to be clearly assigned to a feeling and be expressive.

→ Planning another level:
As a next step, you can involve the children in making the templates by letting them cut out the different facial parts.

Wer legt die Eier?

Who lays eggs?

How it's done:
Prepare pictures of animals and their products and set them out on a tray.
This is what the children learn:
Children sort animals and their products and thus get to know the different farm animals – milk comes from cows, eggs from chickens, sausage from pigs, wool from sheep.

→ Planning another level:
For children managing this exercise quite well, provide pictures of processed foods, like fried eggs, schnitzel or a woolen pullover. The children assign these pictures to the matching animals.

So geht's:
Bilder von Tieren und ihren Erzeugnissen vorbereiten und auf dem Tablett bereitlegen.
Das lernen die Kinder:
Die Kinder sortieren Tiere ihren Erzeugnissen zu und lernen so die unterschiedlichen Nutztiere kennen – die Milch kommt von der Kuh, das Ei vom Huhn und die Wolle vom Schaf.

→ Anderes Level planen:
Wenn die Kinder diese Tablettaufgabe schon gut lösen, können Sie Bilder von verarbeiteten Erzeugnissen bereitlegen, z.B. Spiegelei, Schnitzel oder Wollpullover, die die Kinder dann den Tieren zuordnen.

Tierkinder auf dem Bauernhof

Animal children on the farm

Startvorlage
starting template

Materialkorb
material basket

Bilder von Tieren und ihren Tierkindern
pictures of animals and their animal children

So geht's:
Fotos von Tieren und Tierkindern ausdrucken und in einem Korb bereitlegen. Die Kinder sortieren auf einem zweigeteilten Tablett Schaf zu Lamm, Huhn zu Küken, Schwein zu Ferkel und so weiter.

Das lernen die Kinder:
Die Kinder vertiefen ihr Wissen über Tiere und erweitern ihren Wortschatz.

Darauf achten:
Suchen Sie möglichst realistische Darstellungen der Tiere, die Sie zeigen wollen. Echte Fotos eignen sich hierfür besser als illustrative Motive.

→ Anderes Level planen:
Wenn die Kinder Tiereltern und Tierkinder gut zuordnen, können Sie weitere Lebensräume hinzufügen – zusätzlich zu Tierkindern auf dem Bauernhof erstellen Sie dafür Vorlagen mit Tieren aus dem Dschungel, dem Wald, dem Wasser und anderen Lebensräumen.

How it's done:
Print photos of animals and animal children and put them in a basket. On a two-part tray, the children sort sheep to lamb, chicken to chick, pig to piglet and so on.

This is what the children learn:
The children deepen their knowledge of animals and expand their vocabulary.

Important:
Look for the most realistic representations of the animals you want to show. Real photos are better suited for this purpose than illustrative motifs.

→ Planning another level:
If the children are able to assign farm-animals, you can add animals from more habitats such as the jungle, the forest or the ocean.

In meinem kleinen Apfel

In my little apple

Bilder von ganzen Früchten
pictures of whole fruits

Bilder von halbierten Früchten
pictures of halved fruits

So geht's:
Bilder von ganzem und halbiertem Obst vorbereiten.
Das lernen die Kinder:
Die Kinder sortieren die halbierten Früchte zu den passenden ganzen. Sie festigen ihr Wissen über Lebensmittel und erweitern ihren Wortschatz.
Darauf achten:
Möglichst Obst verwenden, das die Kinder vom täglichen Speiseplan kennen. Allmählich die Schwierigkeit erhöhen, in dem auch exotischere Sorten hinzugenommen werden.

→ Anderes Level planen:
Statt Fotos einer halbierten Frucht können Sie Fotos von Details bereitlegen, z.B. Nahaufnahmen von Fruchtfleisch, Schale oder Stiel.

How to do it:
Set out pictures of whole and halved fruit.
This is what the children learn:
The children sort the halved fruits to the appropriate whole. They consolidate their knowledge of food and expand their vocabulary.
Important:
If possible, use fruit that the children know from their daily diet. Gradually increase the level of difficulty by adding more exotic varieties.

→ Planning another level:
Instead of a halved fruit you can offer pictures of details such as pulp, peel or stem.

Zu wem gehört die Feuerleiter?

Who does the fire ladder belong to?

Bilder von typischen Fahrzeugen
pictures of typical vehicles

Bilder von dazu passenden Berufsmerkmalen und Personen
pictures matching professional characteristics and persons

Materialschale
bowl for materials

So geht's:
Anhand von Bildern typischer Fahrzeuge – z.B. Polizeiauto, Feuerwehrauto, Krankenwagen – werden Berufsmerkmale sortiert. Die Leiter gehört zum Feuerwehrauto, das Stethoskop zum Krankenwagen und so weiter.
Das lernen die Kinder:
Die Kinder festigen ihr Wissen über Berufe und wichtige Institutionen des Alltags und erweitern ihren Wortschatz.
Darauf achten:
Verwenden Sie vielfältige Motive und achten Sie darauf, dass es nicht nur Polizist und Feuerwehrmann, sondern auch Ärztin und Müllfrau gibt!

→ Anderes Level planen:
Für eine nächste Herausforderung können Sie einzelne Berufe in den Vordergrund rücken und die typischen Merkmale zusortieren lassen. Bieten Sie beispielsweise das Bild von einem Koch oder einer Postbotin an und lassen Sie die Kinder Fotos von Kochmütze, Topf oder Postfahrrad zuordnen.

How it's done:
Professional characteristics are sorted using pictures of typical vehicles – such as a police car, fire engine, ambulance. The ladder belongs to the fire engine, the stethoscope to the ambulance and so on.
This is what the children learn:
The children consolidate their knowledge of occupations and important institutions of everyday life. By dealing with the various illustrations, they also expand their vocabulary.
Important:
Use a variety of topics and make sure that there are not only policemen and firemen but also female doctors and sanitation workers!

→ Planning another level:
To make it more difficult, focus on different professions and prepare pictures of e.g. a cook or postman and things they typically use – saucepan, bike, letterbox and so on.

Danksagung

Ein großer Dank gilt allen Mitarbeiterinnen der Klax Krippe Sonnenhaus unter der Leitung von Claudia Prietzel, die die im Buch enthaltenen Tabletts entwickelt und mit den Kindern erprobt haben. Ein großer Dank gilt ebenfalls Silke Schaper aus der Pädagogischen Entwicklung bei Klax. Sie stand beratend zur Seite und hat die fachdidaktische Aufbereitung von Fotos und Texten begleitet.

Acknowledgments

A big thank you to all employees of Klax Krippe Sonnenhaus under the direction of Claudia Prietzel, who developed the trays contained in the book and tested them with children. A big thank you also to Silke Schaper from the Educational Development Team at Klax. She provided advice and support to colleagues in preparing the photos and texts, checking that they were didactically appropriate.

Die Autorinnen

Antje Bostelmann ist ausgebildete Erzieherin und bildende Künstlerin. 1990 gründete sie Klax, ein überregionaler Bildungsträger mit Krippen, Kindergärten und Schulen in Deutschland und Schweden. Mit der Klax-Pädagogik hat sie ein modernes pädagogisches Konzept entwickelt, welches das Kind in den Mittelpunkt der pädagogischen Arbeit stellt. Sie ist maßgeblich an der Etablierung der Portfolio-Arbeit und dem selbstorganisierten Lernen in Deutschland beteiligt. In zwanzig Jahren hat sie über 50 pädagogische Fachbücher veröffentlicht, darunter viele Bestseller. Antje Bostelmann ist Mutter von drei Kindern und lebt in Berlin.

Karoline Tielke hat Literatur- und Erziehungswissenschaften studiert. Sie ist Klax-Trainerin und arbeitet bei der Weiterentwicklung des pädagogischen Konzepts und der Gestaltung von Bildungsangeboten im vorschulischen Bereich eng mit den Krippen und Kindergärten von Klax zusammen.

The authors

Antje Bostelmann is a trained educator and visual artist. In 1990 she founded Klax, a supraregional educational institution with nurseries, kindergartens and schools in Germany and Sweden. With the Klax educational theory, she has developed a modern educational concept which places the child at the centre of educational work and which today underlies all Klax facilities. She is instrumental in establishing portfolio work and self-organised learning in Germany. In twenty years she has published over 50 educational books, including many bestsellers. Antje Bostelmann is the mother of three children and lives in Berlin.

Karoline Tielke studied literature and educational science. She is a Klax trainer and develops pedagogical concepts and learning opportunities for preschools further, together with the nurseries and kindergartens at Klax.

Führungen und Hospitationen

In unserer Konsultationskita wird das Konzept der Klax-Pädagogik exzellent umgesetzt und spiegelt sich in allen Phasen des pädagogischen Alltages wider. Wir laden Sie herzlich ein, die Umsetzung der Klax-Pädagogik live zu erleben.

In der Konsultationskita für Klax-Pädagogik sind drei Einrichtungen unter einem Dach vereint:

- **Krippe Sonnenhaus**
- **Kindergarten Wolkenhaus**
- **Vorschule Regenbogenhaus**

Institut für Klax-Pädagogik

Arkonastr. 45–49, 13189 Berlin
Tel.: 030 477 96 145

institut@klax-online.de
www.klax-institut.de

Eine Pädagogik Institut für KLAX Pädagogik